中华中医昆仑

中国盲文出版社

**图书在版编目（CIP）数据**

何时希学术评传（大字版）/ 张镜源主编. —北京：中国盲文出版社，2015.12
（中华中医昆仑）
ISBN 978-7-5002-6754-6

Ⅰ.①何… Ⅱ.①张… Ⅲ.①何时希（1915～1997）—评传 Ⅳ.①K826.2

中国版本图书馆 CIP 数据核字（2015）第 302889 号

何时希学术评传

主　　编：张镜源
责任编辑：张冬芝
出版发行：中国盲文出版社
社　　址：北京市西城区太平街甲 6 号
邮政编码：100050
印　　刷：北京华联印刷有限公司
经　　销：新华书店
开　　本：700×1000　1/16
字　　数：42 千字
印　　张：6.5
版　　次：2015 年 12 月第 1 版　2015 年 12 月第 1 次印刷
书　　号：ISBN 978-7-5002-6754-6/K·383
定　　价：12.00 元
销售服务热线：（010）83190297　83190289　83190292

# 丛书编委会

# 前　言

中医药是中华民族的伟大创造，是世界医学宝库中的夺目瑰宝，数千年来为中华民族的繁衍昌盛作出了巨大的不可磨灭的贡献，至今仍是中国医药卫生事业不可分割的重要组成部分，在维护民族体魄康健、促进经济社会发展中发挥着不可替代的作用。

中医药学，是中华传统文化和科技文明的结晶，是勤劳聪慧的中华儿女在几千年生产生活实践中，在与疾病作斗争的过程中，创造的独具特色的医学科学体系。它有着浓郁的民族特色、深厚的文化底蕴和丰富的哲学内涵。经过一代又一代中医药传人、一辈又一辈名医大家的实践探索、薪火传承、总结完善、创新发展，逐步形成了系统的理论体系、独特的诊疗方法、丰富的医学内容、实用的制药技术。具有疗效确切、用药安全、应诊灵活、普适简廉和预防保健作用显著的巨大优势，在世界医学之林独树一帜，为人类的文明进步与医疗保健事业，已经并正在作出积极的贡献。

为了弘扬中华民族传统文化，彰显中医药学家的丰功伟绩，当代中医药发展研究中心与中国文学艺术界联合会、国家中医药管理局新闻办公室、中华中医药学会、中国中医科学院、北京中医药大学、世界中医药学会联合会等精诚合作，在国家中医药管理局的支持和指导下，为中华近现代百年来贡献卓著、深受敬仰的150位中医药学家，编撰出版了这部大型传记丛书。丛书采用评传体裁，记载他们的生平事迹、医术专长、学术思想、传承教育、医风医德、养生之道和突出贡献，使这些宝贵的医学成就和精神财富发扬光大，千古流芳。

从书取名《中华中医昆仑》。昆仑山，被尊为“万山之祖”，柱西北而瞰东南，立中国而凭世界，凌驾乾坤，巍然屹立。以其高峻豪迈、绵延起伏的磅礴气势，寓意中华中医药学历史悠久、博大精深和永不衰竭；以其挺拔雄伟、高耸入云的恢弘气魄，彪炳一代中医药学家的丰功伟绩、杰出贡献和不朽勋业。

从书入选传主，从全国范围推荐遴选，遍及中医药界各个领域。有临床家、理论家、药学家、教育家、医史文献学家；有名师亲授、世医家教、学派传人、院校毕业和自学成才者；有师徒并驾、父子齐名和伉俪联袂者。他们学术造诣深厚、诊疗技术精湛、临床经验丰富、学科地位崇高、科研成果丰硕、医风医德高尚、国内外影响较大，从医学理论到临床实践，为中医药事业的传承和发展作出了突出贡献，是近现代百年来中华中医药界的杰出代表。

丛书的出版，对于弘扬中华文化，振兴中医药事业，造就中医药人才，普及中医药知识，具有重要的现实意义和深远的历史意义。这是一项开创性工作，填补了我国为著名中医药学家大规模撰写传记的空白；也是一项抢救性工作，因入选传主已仙逝过半，许多亲历、亲见、亲闻的史料日见散逸，将之收集整理、编撰成书，功垂后世、利国利民；更是一项承前启后的工作，总结传主经验，传承中医药伟业，继往开来，光耀世界医学之林。这部医文结合，富蕴历史性、学术性、文学性和实用性的鸿篇巨制，对医疗、卫生、科研、教育及全球关注中华中医药文化的各界人士，都有重要的参考和阅读价值。

丛书的编撰出版，是一项巨大的中医药文

化建设工程，在策划、撰写、编辑、出版过程中，自始至终得到了国家有关领导、政府部门及社会各界人士的关心和支持。国家中医药管理局高度重视，并组织专家对全书进行终审；数百名专家、学者亲临指导，参与规划；有关省、市、自治区卫生厅、局、中医局（处）给予大力帮助；传主及其亲属、弟子热情支持、密切配合；撰稿人深情满怀、辛勤笔耕；编审专家尽心竭力、精工细琢；关爱中医药事业的企业家热心公益、慷慨资助；全体工作人员不辞辛劳、无私奉献，这一切使丛书得以顺利出版。对此，我们深表谢意。

由于时间紧迫和资料搜集困难，加之水平有限，难免有疏误之处，敬请广大读者批评指正。

中华中医药学，历史悠久，源远流长，发端于远古，奔向于未来。百年对于历史，不过是短暂的瞬间；百人对于万众，不过是沧海一粟。然本丛书所记载的百年百人，则无疑是波澜壮阔的中医药发展史上辉煌的篇章和光芒闪烁的璀璨星辰。

张镜源

白头自畏失心传，家世能医八百年，最是灯昏明月夜，祖芬遗泽媿蝉嫣。

喜看桃李尽芳菲，盛极人文旷古希，歌舞休明难自弃，也将余荫竞清晖。

——何时希

何时希（1915—1997），名维杰，笔名雪斋，上海市人。著名中医临床家、医史文献学家、京剧艺术家、文物收藏家。曾任中国中医研究院（今中国中医科学院）特约研究员、教授，上海中医学院（今上海中医药大学）学术委员会委员，上海中医文献研究所学术顾问，上海市人民政府参事等职，并曾兼任上海第一医科大学附属华山医院、上海第二医科大学附属瑞金医院、第二军医大学附属长海医院等医院的中医顾问。

何时希是江南何氏世医第 28 代传人，他继承家学，7 岁即从祖父学医，15 岁考入私立上海中医专门学校学习，毕业后留校任教，19 岁时拜沪上名医程门雪为师，并在沪悬壶应诊；40 岁到北京，在中医研究院工作 10 年后又返回上海，先后在上海中医学院中医研究所、文献所工作。他一生钻研医术，在治疗内、妇科疾病方面颇有建树，如对哮喘、硅肺、冠心病、高血压病、胃肠病、月经病、胎前产后病等的治疗有独到的见解并取得卓著的疗效。

何时希博学多才，著述丰厚，到晚年仍笔耕不辍，编著的《何氏历代医学丛书》42 种，获 1985 年上海市卫生局科技一等奖和上海中医学院科技一等奖。经 30 年辑集、于 1988 年完稿的《中国历代医家传录》，洋洋 350 万字，献给国家中医药管理局，获荣誉证书。他热爱中医，大公无私，自 1984 年起，将其收藏的祖传文献、文物数百件先后捐献给中国中医研究院、上海市档案馆、上海中医药大学博物馆、上海市青浦区博物馆等单位，并将获得的奖金用于成立研究生奖励基金，以冀发扬光大中医事业。他多才多艺，善诗文、书法、篆刻、戏剧、曲艺，尤对京剧小生表演艺术、京剧史研究有较深造诣，曾兼任北京戏曲研究所特约研究员。

## 家学渊源　医蕴深厚

青浦重固镇位于上海西郊，一派江南水乡风貌，人家傍着河流而居。江南何氏世医有一支就居住在这里，至何时希已是第28代。何氏世医迄今已绵延860余年，传承30代，世袭传承的脉络主要有5支，分别聚族而居于镇江城内、松江城内、奉贤的庄行镇、青浦的北竿山和青浦重固镇，其他有在北京、南京、扬州、常州、苏州、上海、溧阳、嘉善等地行医。据医学史料记载，何氏世医的始祖是何公务。其医术精良，是宋代德寿宫太医院医使。但何氏家谱记载，始祖是何公务的四世孙何彦猷、何楠、何易宇兄弟（宋，一世），他们的父亲是何光启，光启有子4人，彦猷、楠、易宇3人为医，是镇江一支的始祖，起于1141年。何光启的弟弟名光祖，光祖之子何沧，是何氏从汴梁（许昌长葛）迁居青浦县（青浦旧属华亭，于明代嘉靖间始建为县）青龙镇的始祖。何沧的曾孙何侃（宋，四世），是松江一支的始祖。何沧的十六世孙何应宰（明，十六世，1591—1672），是奉贤庄行一支的始祖，约在17世纪初叶。何应宰的五世孙何王模（清，二十世，1703—1783），是青浦竹竿山一支的始祖。何王模之孙何世仁（清，二十二世，1752—1806），是青浦重固一支的始祖。朱孔阳在《中华医史杂志》1954年第一期发表的《历宋元明清二十余代重固名医何氏世系考》一文中提到“重固”二字的来历。何时希即何世仁的七世孙。

何氏医学发展鼎盛，有医传可考者350余人，其中不乏太医院院使、御医等名家。五支传承脉络中，青浦重固一支对近现代影响最大，第二十二世何世仁（元长）、二十三世何书田、二十四世何鸿舫（平子）尤为著名。《青浦县志·文苑》说何书田："何元长子也，医能世其传，名满江浙。"秦伯未《清代名医医案精华》称何书田"起疾如神，为嘉道间吴下名医之冠"。何书田与民族英雄林则徐交往，为其治愈软脚病。林则徐赠对联曰："菊井活人真寿客，竿山编集老诗豪。"为禁绝鸦片，何受林委托，撰《救迷良方》，为戒烟者治疗，颇著功效。林则徐亲笔赠何氏对联："读史有怀经世略，检方常著活人书。"

何氏医学以内科、妇科见长，从现存的医著文献看，涉及的外感、内伤疾病病种繁多，其中不乏常见病、疑难病证，如肺痨、鼓胀、哮喘、中风、癫痫、痹证、妇人月经不调、胎前产后病等。对外感病的治疗，何氏医家崇尚《伤寒论》的辨治方法，并撰写了不少专著，如第六世何渊著《伤寒海底眼》，在仲景113方基础上，吸收后世方以及自己的经验方，增补至约有500方，其随证加减的药味有数百种。又第十七世何汝阈（1618—1693），著《伤寒纂要》，详论发热、发斑、温毒、疫疠等辨治，此书与同时代吴又可的《温疫论》，可称是跳出《伤寒论》框框最早的温病著作。沪上名医程门雪曾评价二十四世何鸿舫治疗鼓胀的方法，认为当时血吸虫病已蔓延于青浦县，鸿舫先生“治在肝脾，法重温疏，有规律，有变化，名家手眼，不同凡响，可云中医之宝贵材料”。十三世何继充所著《医方捷径》，记载了妇女胎、产、经、带四大病证的诊断要点和治疗选方用药，并多用歌诀形式，既概括了祖辈的医学理论和经验，又使后学者读来朗朗上口，便于学习记忆。何书田、何鸿舫在妇科诊治方面成绩亦很突出。何时希7岁时，祖父即授以家传医学，并学习《四言脉诀》、《药性赋》、《汤头歌诀》等。同时，又读6年私塾，主要学习古文，这为他日后于诗词文学等方面的发展打下了良好的基础。

何氏医家大都有书画诗词等艺术爱好，何书田不仅诗文有成就，还学山水、花鸟画，享度曲、管弦之乐。何鸿舫声誉隆盛，弟子遍及江苏、浙江、安徽等省，在其药方上列名者有34人，他的书法尤为出名，时人获其药方，珍若拱璧。民国初年，日本人对其书法特别喜爱，每到上海古玩市场大量收购，每纸有售至银元10饼，少亦有四五枚的。何时希在此熏陶下，潜移默化，亦善诗习唱，练得一手好书法。

何时希祖上老宅在青浦福泉山下，临靠重固镇河通坡塘之支流祝家浜兜（即水尽处）。福泉山被考古界誉为“东方的土建金字塔”，它是古代太湖地区在沼泽地带中的一块典型的高台墓地，完整地保留了6000年以来各时期文化叠压遗存，内有新石器时代的马家浜文化、崧泽文化、良渚文化与战国时代的遗存，是古上海的历史年表，上海的发祥地。何氏祖医选择在此定居有其道理吧。何氏老宅位于祝家浜南岸，老宅里有一建筑叫“停沤舫”，又称为“旱船”，实是临流多窗的小屋，何鸿舫常在此读书作诗。岸以平整花岗石砌成，间丈许则雕一象鼻，用以系舟，每当通坡塘中病家舟楫蚁聚，妨于往来，此处则为停客舟处，可见当初医务何等繁忙。何鸿舫的验方流传亦盛。何时希在上海中医专门学校求学时，寒、暑假还乡，必去外祖父的仁寿堂药号，帮着选酸枣仁、柏子仁，扎通草（以1寸长10根为1扎），去川贝、远志、茅根之心，并每药各做四角方整的小包。药方中有六一散外包鲜荷叶，药师告诉他：此是何鸿舫先生的方法，曾治大疫，效显。在何氏世医中不乏救死扶伤，关心民瘼，甚至染疫身死的感人事迹，这些都深深地印入何时希幼小的心灵中。正如范行准《中国医学史略》所说：“青浦北竿山何氏……他们虽无南北朝世医那样高官显爵，但论世泽之长，都远远超过此期世医，且为广大人民服务，而这些又都是世界各国医学历史上所罕见的史迹。”

中医自古道“医不三世，不服其药”。从南北朝以降，名医世传的医学现象已为人所称道。家学承传者，一般有三大优长：一是早期教育；二是随时随地接受详细的指点；三是继承绝技秘方。正是所谓“三世长者知被服，五世长者知饮食”。何时希自幼好学，医学功底深巨，国学造诣优赡，人品端正和善，都有家传的因素。

## 包罗群籍　思穷旁通

如果说何时希幼时在祖父的督促下能自觉或不自觉地读书、习文，那么到他15岁时进入上海中医专门学校，读书就成了生活中不可或缺的事情。他常常沉湎于书中而其乐无穷，他把上学车费用来买书读，放学路上有时坐在书摊上要读两小时，这一习惯一直保持到毕业留校当了教师。学校附近有一酒店，他把书带到店里，喝完一盅酒便舒舒服服、全神贯注地读，天黑才回家。日久小店掌柜专门在他坐的桌边放一小柜，让他放书。何时希不仅读医书，还读了许多唐、宋、元、明、清的文学笔记丛书，他认为医生的养料绝非全在医书，否则知识不广。读书要由杂而博，由博而约，由约而专，由专而深。他又将读书学习分为三个阶段，一是求多，求果腹，如蚕之“食桑”；二是稍别美恶，识其当否，以为教学所用，如蚕之“吐丝”；三是采集各家注解，如五彩纷呈，以供“织绢”。

何时希 40 岁那年，奉调进京。他不畏伏暑，翩然北上，虽说离别父母之邦，但是意气风发，精神无比兴奋。到北京最大的收获当属在图书馆浩瀚的书海中遨游。当时的中医研究院图书馆图书精且多，因其得天独厚，接受了满铁医书院的全部（收有大量明版医书），又有南浔刘家嘉业堂的医书部分（《嘉业堂藏书目录》是用小 4 号字直行排的，毛边纸印的，足有 1 寸来厚，其量可知）。老大夫们在诊疗之余，可于宿舍读书，只要开出书目，即可送来。还有北京的旧书店，服务亦极为周到，只要把想要的书开个书目寄去，就会一包一包地送上门。除大量医书外，在笔记小说部分，能在图书馆借到《知不足斋丛书》、《粤雅堂丛书》、《稗海》、《太平广记》、《说库》、《说郛》、《宝颜堂笔记》及唐、宋、元、明诸笔记等。何时希在这样的读书环境里如鱼得水，废寝忘食，勤作笔记，历时15年，先后著成《何氏历代医学丛书》42种、《中国历代医家传录》350万言及《历代无名医家验案》、《万医传》等书。每当回忆这段历程，他总感慨这是“得天独厚，享尽清福”的好日子，并颇为自得地称为“补读的10年”。

何时希晚年缠绵病榻之际出版的《近代医林轶事》，其成书亦与他读书广泛有关，这是他在读数百种方志时发现医林人物记传甚少，故欲裨补遗缺而作。此书除依据以往的读书笔记外，还融入了他的经历和记忆。他说《近代医林轶事》与《中国历代医家传录》不同，前者走出学术与传记的框子，而从轶事及琐谈两个天地中自由骋笔，无所拘束；后者集录医家两万余人，得近四万条目，以省府县志各家传记志表为主，取当时人记当时事，翔实可信。故前者富含趣味，可读性强；后者十分枯燥，但是为学者所需的原始资料，较系统地展示了中医各家、各派的全貌，很有学术价值。

何时希在读书学习和工作中一贯遵循“思穷而后通”的法则，认为只有通过“穷而后学，学而后通”的过程，才能达“不惑”的境地。如他治一位34岁病人，自幼就患手足狂汗，首诊思路稍困窘：汗在四肢而不在头面与身，如仅从表卫不固，则何以不见于全身？患者口渴尿少，不必从消渴想，舌淡而凛寒恶风，则阳随汗泄，是否当考虑其属汗多亡阳？由此深思，乃考之《素问·病能论》说：“……懈惰，汗出如浴，恶风少气，病名曰酒风。治之泽泻、术各十分，鹿衔五分。”又《金匮要略·水气病脉证并治》防己黄芪汤治“风水，脉浮身重，汗出恶风”；防己茯苓汤治“皮水，四肢肿，水气在皮肤中”。诸条文与此例四肢汗多虽未尽合，然用药均极相宜，于是用黄芪、白术固表，防己、泽泻、茯苓利水道，再加龙骨、牡蛎、麻黄根等止汗药，病人服 7 剂即手足汗大减，小便增多，口渴减。此治疗思路主要在恢复其水液故道而从小便出的生理状态，使水气不行皮毛而从膀胱出，故 30 余年宿疾能二易方而痊愈。

“思穷而后通”给何时希带来不尽的乐趣和成就，亦抨击了读死书、死读书的弊端。学中医的人常有这样的经历：埋首于浩如烟海的医书、数以万计的药方中，殚精竭虑，常有找不到切实可用的药方，以适应于所需而至困惑无定。何时希通过好学深思、思穷而后通走出了这个困境。他从汉代张仲景经方选药的严谨洗练，及其相辅相成、相反相须、加减增损等处理中，找到了读方选药、组织主方和配伍的方法。他在所著《六合汤类方释义》一书中，取血分病主方四物汤，在此方基础上，采用药对（即二味药）的选药方法，在数十种主要妇科、内科名著中选得280组针对某病或某症有特效的药对，以适应于各种病症。他认为药对的配伍和变化当与脏腑功能相合，从而达到纠正脏腑病理改变的目的。对脏腑生理、病理的认识，何时希不囿于中医理论，常结合西医生理、病理，有独到的见解。如心主血脉，这一功能的实现，有赖于心的舒张收缩，中药里面有好多药对，舒张的药以辛芳为主，如川芎、远志、丹参、郁金、菖蒲，进而至于芳香开窍药；收缩的药以酸敛为主，如枣仁、五味子等。在常用的汤方中，仲景酸枣仁汤是川芎与枣仁为对；珍珠母丸是沉香与枣仁为对；归脾汤是远志与枣仁为对。大约远志与枣仁为对之方最多，略举之有局方镇心丹、济生养营汤，百一方补心神效丸、安神养血汤、人参琥珀丸、十味温胆汤、远志饮子等，皆可选择为舒缩心脏之用。他对自己这种事半功倍的方法常津津乐道，同时亦彰显了他好学深思、闻道则喜的精神。

## 教学相长 融会出新

何时希于1930年考入上海中医专门学校（后改名为上海中医学院）。毕业后，于1938年起执教于母校，历10余年之久。当时校长是丁甘仁之长孙丁济万，一批优秀的教师，如程门雪、秦伯未、谢利恒等，风度翩翩，谈笑风生，给他留下了深刻的印象，乃至60年后回忆起来仍备感亲切。老师的一言一行亦是他为人师的楷模。何时希讲授《金匮要略》，采用的教学方法是授课与读书并举，在教中学，学中教，实现教学相长。他讲课善于罗列各家学说，而取其一是；有时则融合各家学说而折衷于一是，这又好像是元代赵子昂夫人管仲姬说的“捏成一块土，塑成你和我，我身中有你，你身中有我”，不辨为哪家说了。这种融会出新的教学常使学生听得津津有味，所以1985年何时希所著《读金匮札记》完稿时，40年前曾任中国医学院教务长的吴克潜教授题赠诗云：“常忆当年共事时，俨然白袷讲经师，赢得一堂声寂静，是何语妙竟能斯。”

因当时年轻精力充沛，何时希除在母校上课外，还在中国医学院（1927年创设，首任校长章太炎）、中华国医专科学校（系“中国医学院”附设之夜校）兼金匮要略及伤寒论课，每周连续2天，每天授5节课，虽是夜课，然从学生听课肃然无声、聚精会神而言，所得或不逊于日课，其中的奥妙除与讲课精彩有关外，还与教学方法有关。何时希曾读先祖何鸿舫遗留的病案处方，一则病案记载：有一妇人患晨泻5年，起自产后，纳呆，形瘦，足浮肿，日甚一日。前医曾用培中、分利之药罔效。询系每在五更必腹中雷鸣切痛，晨起一泻之后，痛除而竟日安然。何鸿舫写到此，进一步分析道："脉已濡细，又非夹滞，其痛也始终不更，其泻也不专责于脾矣。产之时痧子杂来，产后5年中，风痧频发。个中有奥妙焉，且不道破，俟同学见之一想。"遂处方：土炒白术一钱半，煨肉果四分，荆芥炭一钱，炒防风一钱半，生甘草三分，柽柳炭一钱半，桔梗一钱，霞天曲（为半夏等药和霞天膏制成的曲剂，霞天膏是黄牛肉经熬炼而成的膏）一钱半（炒），丹皮炭一钱，小赤豆三钱（无剂数）。复诊，病人来诉：五载之累，一朝顿释。何鸿舫议论说："盖晨泻一症，腹膨胀则有之，而必雷鸣腹痛者甚少。是以不专责于脾胃，而旁敲侧击，庶得窥其真谛，信哉临证之望闻问切四字不可缺一也。药既涉想见效，不必更易方药，就原方再服10剂，可以拔其根也。"读了此案，何时希马上开动脑子思考起来，其处方以荆防败毒为主，二神为辅，从此而找原因，则"产之时痧子杂来，产后5年风痧频发”两句应属重点，痧子余毒乘产后之虚而下结肠中，5年而不清，蕴毒湿热外发则为风疹，可见虽有5年之虚，而肠中结毒不清，则痛泻终不能止，风疹之发，却是结毒之见证，诊断之凭据。所以培中但治其虚，足以滞邪，分利徒耗水液，肠中蕴毒依然。学者如以五更腹中雷鸣切痛责之脾肾虚寒，则风疹频发便无理据。关键是应从腹痛和风疹合同思考，悟其为肠中蕴毒湿热，则一切迎刃而解，所以鸿舫先生能以一方而愈5年之沉痼。他从此病案受到很大启发，对何鸿舫的教育方法甚为推崇，以后他讲课方式多采用启发式、自悟式，而不是填鸭式、灌输式。他还由此体会到何鸿舫的这种教育方式能引起学生的求知欲望，积极动脑研究，否则会使学者不肯思索，不加探讨，所谓“言者谆谆”，听者渺渺然对之，不仅受益少，且学习兴致全无。

在教学过程中，注重知识不断推陈出新，

何时希曾说：今天你可以作出自己的论断，他日多读书，多体会，或学习过不同的论断，于是可以推翻你过去的论断，这不是错误，是进步，是唯物辩证法。《读金匮札记》这部书就是他从学习《金匮要略》，到讲授《金匮要略》，历50余年的反复学习，然后跳出旧框，敢有自立而成的。如书中对病种的分类、条文的归类是不拘一格的，尤其在理论上的发挥，颇有价值。比如《金匮要略·脏腑经络先后病脉证并治》有“上工治未病……见肝之病，知肝传脾，当先实脾”句，他由此联系《内经》“亢则害，承乃制”观点。“亢则害”三字，谓一脏亢盛，则害他脏，五行相克之道也。亢即实也，实则能传为害，虚则不传，故亢则害人而不受害。凡亢也，实也，皆不虚之义。害也（动词），传也，侮也，皆相克之义。以肝为例：肝实则克脾，木克土也，土虚而受克，则二脏有病；若肝实而脾不虚，则不受肝之侮，仅肝一脏自病。

肝虚则不能传，仅肝一脏之病；若肝虚而肺实，金能克木，则二脏有病；或肝虚而肺不实，则仍为肝一脏之病。“承乃制”三字，既表示亢盛为害，而有承则不害；又谓有相生之道介于其间，则可以制其相克，使不为害。仍以肝为例：木偏胜则克土，即肝克脾，脾土虚则受克而病，此相克之常也。母以生子，子又生子，此亦相生之常，则木能生火，火又生土，脾土得母气之煦，可以抗击贼邪而不病。相克属病理，相生属生理，有致病之理，而生理自具胜复制约之功能，而得于不病。否则人日处于六淫外感之侵袭，七情内因之滋扰，加以饮食、起居、劳倦、烦躁之暗耗，五脏五行之生克，昼暮在消长盈亏中，或颓然而致病，或屹然而不病，都是因为既有五脏之相克相害，而复有五脏相生相制，以使达到平衡之故。所以说一脏或有偏胜（亢），即有克害其相胜之脏之惯性；另一方面，却自有其相生之脏之义务，得其相生之煦濡，乃能培养其抗病能力（承），此种相生相克之道，有人以家庭母子孙之关系譬之，谓母爱其子而恶其孙，常欲侮之，幸子得母爱，介于其间，煦之护之，而使孙不受侮，亦浅显近理。由此可见，何时希这番对《金匮要略》原文的发挥，既融会了《内经》的理论，又有他自己的出新见解，即提出了五脏循环相胜，有战斗，有休整，有生化，以达到动态平衡的理论。他认为五脏相生之道，必兼相克之理，复胜克，复挣扎，复平衡，此动态中之平衡，乃能战斗不息，而有生生之气；或者老子所谓“圣人不死，大盗不止”；佛家所谓“不增不减，不垢不净，不生不灭”；等等。理或相通也。

《妊娠识要》一书的编撰过程，亦可窥见何时希教学相长、融会出新之一斑。这本书从 20 世纪 30 年代开始，分 5 次写成，最初是 1938 年以后，他在上海 3 所中医院校教学，为讲授妊娠忌药所需而编写的几千字讲义；其二是

1960年在中医研究院工作，为北京市妇产科西医学习中医班讲课所编的《胎前病讲义》，约6万字；其三是1959～1960年在中医研究院妇科组与协和医院妇产科、北京市妇产医院协作，专题研究妊娠中毒症所编《妊娠中毒症用方选辑》，约7000字；其四是1972年编成的《计划生育中医药600余种资料研究》，约13万字；最后完稿是在1983年。他自叹身虽老弱，但脑力还健敏，经整理修改，既删且补而成。他的体会是，沉湎到百余种妇科书里去钻研，再到妇科病数万诊次中去实践，最后要到内科领域去找养料，还要向西医学习，才能取长补短，拾遗补阙。可见要达到融会出新可谓不易。

## 少年临证　博采众方

何时希 19 岁时拜程门雪先生为师，次年毕业于上海中医学院，又次年悬壶济世，然事实上他 17 岁即开始在广益中医院、同仁辅元堂出诊。他随程门雪老师 20 年，经常代理诊务，对程师的学术经验知晓颇多，领悟较深，程师的医稿存留何时希处最多。他曾倾力整理出版程师的医著，约有 12 种，200 余万字。程门雪对何书田、何鸿舫推崇备至，爱屋及乌，因而对何时希亦深加爱护，赠诗甚多，称他是“少年奇气称才华”。何时希在诊疗治病方面表现的才华确如程师所言。

初涉临床时何时希自知经验不足，故想方设法向老师学，向老前辈学。他拜师较多，除程门雪外还有秦伯未、蔡香荪、沈芝九、虞佐唐等，使他能博采众方而不囿于一家。20 世纪 30 年代，上海医界人文荟萃，创有国医学会（丁甘仁首创），纯粹是学术团体性质，以促进中医学术的发展为宗旨。丁济万是理事长（会长）。何时希当时年方二十，即被选为该会理事。学会每两周举行一次学术聚会，常有法院交办医疗事故的诉讼仲裁及新药鉴定等文件，学会均认真讨论。最令他高兴的是一批医术高深的医家到场，如叶熙春、丁济万、张赞臣、陆士谔、陈耀堂等，使他能聆听到一些很好的经验，是他博采众方的好机会。这无论对他当时还是以后的诊疗工作都有很大的帮助。他 40 岁时，到北京的中医研究院工作，在全院老大夫中年龄最小，举目尽是三山五岳、五湖四海的高才，他为能受到天下英才之熏陶，再次获得博采众方的极好机会而手舞足蹈。因为年轻，领导安排给他任务最多，硅肺、慢支、哮喘病是先接受的，不到一年，增妇科的痛经、宫血、妊娠中毒等疾患，使他历练多多，学术水平得到很大提高，科研、教学、临床各方面硕果累累，成绩喜人。

何时希诊病有一套方法和思路。首先临证有规范的诊法。他晚年曾回忆自己早年诊病，每以左手诊脉，右手执笔，同时耳口闻问，这样时间是争取了，但疏忽在所难免，正犯了张仲景所批评的“按脉动息，不及五十”，“持寸不及尺”，“相对斯须，便处方药”那些坏习惯。后来到了中医研究院，当时入选的全国名医有29人，诊断各有特长，给了他良好的学习机会。其中有一位同仁，他的诊脉法是左取其右，右取其左，必以食指定寸位，所以医生与病人常需互易座位。何时希通过观察、学习，悟出“上下左右推寻”，“左右手同取”等诊脉法。然后理法方药的构思有“三步疗法”，即安排“进、守、退”三步法，具体就是“急则治标，平则调理，缓则治本”。治标是对症期，即先治今日之病；调理是缓解期，即善后之调理；治本是巩固和康复期，即治病之根，以杜复发。此种诊病思考方法贯穿了他行医诊病的一生，积累经验无数，成效丰硕。

何时希非常留恋在中医研究院工作期间与全国一流的中医专家朝夕相处的日子。有一年夏天，他与赵锡武、钱伯煊、岳美中3人一同休养于西苑医院，医院距颐和园仅一箭之遥，于是大家或步山塘七里，或登西堤六桥，涉巍巍之华阁，临渺渺之绿波，观落日于昆明湖畔，晞清露于谐趣池边，就在结伴游园时搜书论古，交流探讨。他常将夜晚批校古书遇到的疑难问题拿来与几位同仁商讨，以解义有未安之处。《女科三书评按》一书就在这样的时光流转中完成。因此他在晚年感慨说，这本书是利用养病空闲而读书，利用与同事岳美中等一同商榷的机会写成的。女科三书是指《经效产宝》、《产科备要》和《女科经纶》，前两书偏于证治方药，后一书偏于理论，何时希认为《女科三书评按》的特点是“评”与“按”，有赞赏，也有不同意见；有阐发原著精义，也有怀疑原义，而罗列别家意见以证其非的；也有折衷各家，得其中肯的；或作者自立新意，以为补充的。这种不拘一格、不囿成见的读书、著书方法，不经博采众长是很难达到的。

## 创立名方　跳出陈规

何时希一生从事医务工作65年，诊治病人无数，积累了丰富的经验和有效方剂，其中既融合了祖上世医的精华，又有其他中医名家的经验，更有他自己独到的认识和方法。因此，何时希诊病既循规，又不墨守，富含新意而跳出陈规，这得缘于他诊病时爱思考，喜研究。他对哮喘、冠心病、病毒性心肌炎、高血压病、萎缩性胃炎、慢性肝炎等常见病、多发病均有专门研究，有法有方，既有传统理论，又有实践经验。

何时希在中医研究院工作时曾专题研究哮喘。他发现定喘不为难事，平咳化痰亦尚易，而难在杜其复发，巩固疗效。治哮喘，中医素有发作期宜攻邪、缓解期宜扶正的说法，何时希从临床观察诊治中得出自己的认识："哮喘初发属实，久发则本元必虚。初发宜祛邪为先，稍缓即须攻补兼施，喘定急须全力进补；尤当认识进补要抢时间随时插入，此是根治之法，而不当视为善后之缓图；一失时机，则愈发愈虚，愈虚愈频了。"所谓抢时间实是与气候赛跑，寒露以后，气候节节变冷，于喘家不利，北方尤为明显，感冒咳喘，一波未平，一波又起，因此，抢时间进补，即是增加一分抵抗力，以防止复发。

基于抢时间随时插入进补治疗哮喘的指导思想，何时希制订了一张专方，名为"安金膏"，适用于咳嗽喘息，咯痰不爽，并可增强肺部抵抗力，对哮喘缓解期略存咳嗽症状者尤适。方用生黄芪 240g，炒防风 90g，南沙参、北沙参各 120g，天冬、麦冬各 120g，淮小麦 300g，炒党参 120g，野百合 180g，炙麻黄 30g，白杏仁180g，生石膏240g，生甘草120g，炙乌梅90g，北细辛60g，五味子90g，清半夏90g，化橘红90g。煎3次，取浓汁，滤净去渣，加白蜜适量收膏，似滴水成珠为度。每日早、晚分冲50～100g，合川贝末6g同冲更佳。此方有玉屏风散、生脉饮、小青龙汤3方配合之意。何时希对玉屏风散情有独钟，他认为，方中黄芪补肺固皮毛，白术（改苍术，或茅术，或於术）健脾肥肌肉，芪、术同用则密腠理而防表邪，止虚汗；配合防风，引芪、术以走表，作为引经药，又可以祛微邪。3味药虚实兼顾，相得益彰。生脉饮可润肺体，大凡久咳而肺体受伤，也减弱肺之肃降的本能，更因张口喘气，耗其上焦之津液，导致咽喉失润作喘，故润肺滋喉对根治哮喘十分重要，诸如沙参、麦冬、白蜜、冰糖、梨膏、荸荠等品均可随症选用。小青龙汤方义最妙，他十分欣赏其药物配伍有利于肺功能的恢复。肺主气，司呼吸，一呼一吸，肺气有宣有肃，肺因此有开张、有收缩，故为开阖之官。哮喘病发作时，咳喘频作则呼吸贲急，久则肺泡无以适应而受伤破坏。肺纹理增生，渐致肺气肿，减弱了呼吸功能，且咳喘者多为肺气上逆，治疗首要是增肺治节之令，复其肃降之权，用药应当具有助其开阖、肃降的作用。小青龙汤中芍药、五味子之酸以敛其肺体，桂枝、干姜、细辛之辛以强其肺用，肺的吸入、收缩功能是其“体”，肺之呼出、开阖功能是其“用”，体与用是统一的，不可偏废。此亦宗于《素问·脏气法时论》“肺欲收，急食酸以收之，用酸补之，辛泻之”。方中酸与辛合用，则肺叶之张举、肺气之耗散者能收；肺功能的开阖，使邪无逗留之余地，这真是奇妙的配合。由小青龙方法而触类旁通，则白果、胡桃肉、诃子、乌梅的酸涩，防风、紫菀、百部的辛通，均可备用。

何时希还认为，咳与喘虽出于肺，而根在

肾，因肾为纳气之本也。古人所谓“肺司呼出，肾司吸入”，合之临床，正是此理。肾气弱于下者，则吸气不能至肾，至膈中而还，故吸气短；短则频频换气，而息喘促。所以哮喘的诱因，房劳、遗泄、月经失常者，皆可引起发作。而哮喘缓解后的补法，必待肾气足而后方能巩固，所以六味地黄丸、八味肾气丸、人参鹿茸丸、河车全鹿丸、左归丸、右归丸，以及黑锡丹、紫石英、钟乳石、河车、坎炁、补骨脂、五味子等，凡具滋肾、温阳、重镇、摄纳之能者，皆可采取。

20世纪70年代，何时希见有医生治疗冠心病多用《金匮要略》治胸痹的瓜蒌薤白桂枝汤等类方，活血展痹，成为风行一时的名方，而后在祛瘀药方面发展至水蛭、穿山甲等，多用“去实”一类方法去治疗，且去实也即祛瘀，一祛到底，丹参用至数年是寻常的事。然而他发现，有许多病例转为贫血（红细胞破碎不全），或抢救过来后因体力不继而终于再发再危，所以他认为，冠心病是“标实而本虚”，本体之虚是其实质，是不容忽视的重点，“虚中夹实”是最为严格合理的诊断。补气血乃至补肾阴肾阳，使脏器取得平衡，是康复最好的疗法，若仅用祛瘀一法，是只治其标，忽略其本。所以他治冠心病心绞痛频繁者，一见冷汗，即用人参；脱离险境后，即减少苏合香等香窜破气药，同时增入补气血药，以资于治实中兼顾其虚；但有可补之机会（即能纳食，咯痰减少）即虚实并顾；进一步则大补小攻（攻，指展痹祛瘀），这样必有利于康复。或边服药边上班，这一类病员最多，照样能耐受繁重与紧张的思维工作。如患者陈某，经治疗后冠心病康复，其间在边区指挥作战，破敌立功，连晋三级，可证其心脏的耐受力增强了。

通过这样的临床探索，何时希提出了治疗冠心病分下列 4 个阶段：一是严重绞痛阶段，取治实法，用芳香开窍走窜和祛瘀止痛之药；二是虚脱阶段，宜固脱，人参和参附龙牡汤是必要的，稍缓则生脉散、复脉汤，干姜、桂枝也在必用，阿胶性黏，此时最忌增加有凝血力的药物，不用为好；三是脱险阶段，当虚实兼顾，一般以胸痹症状为显著，须祛瘀药减量，展痹和补气血药加强；四是恢复阶段，治虚为主，以补气血图康复为要，勿全撤展痹祛瘀之药。此外，冠心病能够稳定、少发乃至不发，依赖阴阳之平衡，所以应补气血为先，而补肾乃是权威之法，为巩固疗效所必要。

对冠心病脂肪斑块沉积，何时希这样理解：这是机体中的污浊，或在气血正常运转时留下的老化废物，或则痰湿的留积，机体运动中偶然的闪挫而造成的小量瘀血，几种东西并合起来，日积月累，它就在血液流动时沉积在冠状动脉中了。要祛除血管中的斑块，中医药的方法特别多，他曾提出 20 多种，如祛脂、行瘀、活血、通阳、利尿、开阖、止痛、开窍、行窜、化痰、解郁、复脉、柔筋、软坚、展痹、补气、养血、理气、退肿、安神、清心、育阴、补肺、补肾、平衡阴阳、温阳、固脱等，这里包括了发作期、缓解期、康复期、巩固期的用药。

何时希还特别提出“除斑块”要注意的问题。如有人曾用泽泻降脂，用量高至常用量之10倍（120g），又是久服而非暂用，结果导致肾功能衰竭。又如，既是斑块，体积恐非微小，能不能化整为零，逐步消除？若大块脱落，循血脉而行，堵塞心区则其害危急。上行至脑，则血栓形成，其祸非小。如中医用小剂量治之，然后日日消蚀之。一旦有大块脱落，必须在病房抢救。

对于病毒性心肌炎后遗症的治疗，何时希也积累了相当的经验。由于病毒性心肌炎后遗症易于反复，病程缠绵，因此患者往往失去信心，从而使疾病更加不易治愈。他曾遇一病人，是一位21岁的男青年，患病数年，屡次住院，然心悸、胸闷时痛之症状不减，心电图示早搏二联律，18次/分钟。还伴有夜热盗汗、纳食不香、咽喉时痛、口疮溃疡、睡少心烦等症。患者因此精神不振，读书游乐皆无兴致，时萌厌世之念。何时希思忖，此症不仅表现在心脏，而且出现情绪反常，产生多种幻想，意志消沉，不能振作，即使予以鼓励，也作用不大，若无疗效以挽回之，结论堪悲。回想经他治愈的许多病例，都曾有过或多或少"缺乏希望"的过程。于是他一边以长者的态度呵责青年人轻生的妄念，一边予以治疗，以良好的疗效来建立病人的信心和希望。一诊的处方是：太子参15g，天冬、麦冬各12g，南沙参、北沙参各12g，生甘草、炙甘草各6g，玄参12g，射干6g，丹皮、丹参各9g，菖蒲12g，远志6g，郁金9g，地鳖虫12g，乳香6g（包煎），五灵脂15g（包煎），7剂。二诊症状觉有好转，胸部尤觉开朗，稍有兴趣，能定心看书。诊之脉结代见少，舌边尖仍红。于是上方加入生地 12g，百合 15g，淮小麦 30g，桃仁 12g，去射干、玄参，7 剂。以后随证加减，服 49 剂后症状基本消失，用丸药调治善后。

何时希认为，病毒性心肌炎在中医当视为风热、温热之异气所侵，其性猛，其变急，故由气入血而迅即侵入心包，虽曰实邪，热毒伤阴，久当属虚。故治后遗症，清热解毒不能作为专主之治，必须养血以补心体，宁神以安心神，解郁宽胸以展心用，方能恢复。《伤寒论》“脉结代，心动悸”之主症，一般视为汗后伤心之原因，与心肌炎后遗症得之于发热后者，病因亦自相类，炙甘草汤实为可以信用之方。

何时希曾治一老年男性高血压患者，血压波动，时高时低，伴耳鸣重听，夜尿频数，达七八次，经他诊治后效果甚佳。他分析认为，其血压之波动，在于肝虚而失持平，故用柔肝而得效；夜尿七八次乃前列腺肥大所致，未尝用消肿理气药，亦不用滋肾通关法，全见效于补肾固涩法；其耳鸣重听，得镇肝潜降而复聪。由此得出治高血压要重在治肝肾，于是他根据病情的轻重缓急，病证的寒热虚实不同，制订了“三龙三甲汤”、“四桑饮”等专方。“三龙三甲汤”由龙骨、龙胆草、地龙、石决明、珍珠母、牡蛎等 6 味药组成，对方中的地龙何时希尤为欣赏，认为它不仅有咸寒润下之功，且具软坚之效，又因其柔软屈曲，能伸能缩，颇具人类脉管曲张伸缩之态，于高血压、心血管疾患用之，甚为得力。如炮制得法，并无土腥之气。本方适用于肝阳上亢，头痛眩晕，面热目赤，颈项牵强，或伴心悸、不寐等症。如血压过高者，为应急计，可加羚羊角粉 1～3g，吞服，日 2～3 次。如手指麻，四肢略有不利者，加桑枝、牛膝。如见头面热痒，烘热上升者，降阳潜阳之药，不能取得急效，可泄僭上之风热，加薄荷、蔓荆子、钩藤、桑叶等药，使上热浮风，得辛凉之药而从上以泄，即古说“鸟巢高枝，射而去之”之法。也即《内经》“在上者因而越之”，“越”字应有催吐与发越诸义。兼心悸少眠者，配茯神、远志、枣仁，或用甘麦大枣汤（炙甘草、淮小麦、枣仁）等安神养心之法。兼尿频者，则用“四桑饮”，方中桑叶清泄，桑枝横散，桑寄生补肾，桑螵蛸涩泉。

由上可知，何时希治疗慢性高血压，一般采用介类潜降、石类镇定、引阳归下、辛凉泄风、散之四肢、清肝泄热和软坚柔脉等 7 法。如有兼症者治其兼症，待标症平则治其本，也有数法：一为柔肝养肝；二为滋肾清肝；三为润肺平肝，则木能受制；四为养心息火，则火不燔木。

萎缩性胃炎是临床常见病、多发病之一，中医常用的治疗方法有补脾养胃、理气活血等。然何时希考虑的重点是怎样激活萎缩的胃黏膜，所谓“降燥润枯”，一方面要补气，另一方面要推陈出新。于是他想到外科的“去腐生肌”药，如乳香、没药、五灵脂、蒲黄、血竭等。对仲景《伤寒论》中的乌梅丸，他很佩服，采用辛酸甘苦、寒热、气血等多方兼顾，复方反佐配合组成，用以促进胃酸的分泌，是可信之效方。在这样的思路指导下，又经临床实践证明疗效，他创制出一张经验方——“胃痛象乌蜜”方，药味有：象皮（研细末）30g，乌贼骨（煅去腥）50g，五灵脂50g，乳香30g，败酱草50g，生甘草30g，蜂蜜适量。诸药经研细、过细筛后，先以蜂蜜500g拌和之，过1周，药与蜜已融透，如太稠，可再加蜂蜜250g以稀释之，2周即可服用。服法：每食前半小时，以瓷匙取一匙，入口含化咽下。最好不用开水冲服，因水冲则稀释，而乌贼骨、五灵脂等粉剂，均失去附着之作用。甘草与蜂蜜甘以缓中，须使其附着于胃壁上，与诸药同起效用。甘草、蜂蜜又能解毒消炎、生肌，有助溃疡愈合的作用。本方适用于长期胃痛，吐酸（或不吐酸），痞胀，嗳嗳，西医诊断为胃炎、萎缩性胃炎、胃窦炎等病。方中用象皮，何时希对此津津乐道。象皮是外科生肌妙药，对胃、肠横纹肌的出血性、溃疡性病变有效。他首先施用于慢性胃炎、萎缩性胃炎、胃窦炎等，有意外的效果。其中有2个病例比较严重，胃镜示胃黏膜溃疡，已有间质性病变，服"胃痛象乌蜜"2周而症状全失。患者服药后感觉凉润舒服，4个月后胃镜探视，病灶已找不到了。

何时希曾自拟"一二六复方"治疗慢性肝炎病人，疗效颇佳。"一二六复方"即3张方子复合而成。这3张方子均是有名的古方，"一"是一贯煎，"二"是二至丸，"六"是香砂六君丸。此方的产生，乃缘于他发现在传染性肝炎由急性转为慢性，乃至迁延性的过程中，临床多见肝亢实证的表现，如烦躁、善怒、目赤、口苦等症，因此，一般治疗只局限于肝的“亢则害”一面，而忽略“承乃制”这更重要的一面。如此对症治疗不及他脏虚实，所以复发或缠绵不愈就难免了。而“一二六复方”确能制其传变，促其康复。

何时希认为，肝炎之后，实证已衰，肝体已虚。肝之虚在阴与血，滋肝阴之法以二至丸、一贯煎为上剂。他对魏柳洲“一贯”之取义领悟有加：首先是补肺生金，金能生水，遂能滋木，而肝体能柔；肝阴得养，肝用遂平，此相生方面之“一贯”方法；其次是木旺反侮于金，清润肺金，使复能制木，而肝遂不旺；木柔则不致侮土，而脾胃之气渐舒，水谷之精微日以化生；又用黄连以制火，则火不克金，金能制木。此相克方面之“一贯”方法，由此思之，“一贯”之义盖五脏动态平衡之理。二至丸中之女贞子，为养目之上品，肝开窍于目，肝病者多有目力酸疲之症；旱莲草养肝而具止血之功，对血小板之减弱者有益。香砂六君丸中，以四君子汤大补脾胃之中气，裕其生化之源，而能御木之侮；木香、砂仁等虽略嫌香燥，然非香无以推动胃气，少用亦无妨也。此于一贯煎之外，相生方面的又一法，为培土以生金，补土以御木。

“一二六复方”的临床应用，何时希在用量上独抒心意，一般用 14 味药：南沙参 15g，麦冬 12g，生地 15g，黄连 3g，金铃子 9g，女贞子 15g，旱莲草 15g，木香 3g，砂仁 3g，陈皮 6g，党参 12g（减一等用太子参 15g，或用南沙参代之亦可），白术 12g，炙甘草 6g（或尚有炎症而口臭者用生甘草），茯苓 12g。适用于慢性肝炎之康复期，症见胁痛隐隐，纳食不香，睡眠不稳，口干苦腻，疲乏不振。

何时希曾治疗一个煤气中毒后遗症患者，从这一病案，足以见其功力。女性，35 岁，煤气中毒经抢救后数月以来，以头眩、胸闷、四肢无力为主症，或呕恶，或食减，常默然，情绪低落，头沉重不能自振。有濡弱不扬之脉，淡紫不鲜之舌。经诊察后，他细细思考，煤火之气，当从口鼻吸受热邪着想，既侵于清虚之娇脏，必减其治节肃降之权，治则当先肺胃；煤气有毒，亦须清营解毒；胃为水谷之海，生化之大源，尤当醒其胃气，降其浊气。处方：细生地 12g，炒赤芍 9g，炒丹皮 9g，金银花 15g，连翘壳 12g，代赭石 30g（煅），桑白皮 12g，生甘草 9g，绿豆衣 12g，炒谷芽、炒麦芽各 12g，木香 3g，春砂仁 3g，荷叶 1 角，左金丸 3g（分吞）。7 剂。

二诊：患者纳食已有增加，颇知饥饿，胃气已醒矣。呕恶止，精神稍振。但头眩不清，低头无语之状依然。转用平肝阳、降火逆之法试之。这里为何讲“试之”？他是针对病人脉不弦数、面色仍然萎黄、无肝阳上升之确据而言的。则又何以“无的放矢”呢？因平肝清泄之品，一则可使升扰于清灵之脑府的煤气之毒，驱之下降；二则可使煤毒之物质从小便以下行，为之出路。处方：生石决明 30g（煅，先煎），左牡蛎 30g（煅，先煎），粉丹皮 30g，灵磁石 30g（煅，先煎），怀牛膝 12g，细生地 12g，炒赤芍 9g，金银花 15g，车前子 12g（包），炒泽泻 9g，生甘草 9g，绿豆衣 12g。7 剂。

三诊：头眩略见好，但总觉头重懒抬，脑欠清醒，脑中如有烟雾之弥漫，巅顶如有重物之压迫，虽摇动而不能去。常欲于夜半去户外以清醒头脑，平时亦不欲闷坐室内。何时希闻此证候，思路豁然开朗，书有“鸟巢高颠，射而去之”一法，即治肝阳之升僭于上者，未升之阳可引龙火以归原，所谓“导龙入海法”；防患未然，则用滋水涵木法；夹肝火以上升者可用龙胆泻肝法；而介类之药是为必需，因其性沉潜，其味咸寒，合石类之药，则最能镇降也；其镇降而不效者，则可“因而越之”。今既潜降未见大效，当用“射鸟”之法从上而散之。于是处方：薄荷叶 9g（后下），霜桑叶 9g（后下），炒杭菊 9g（后下），嫩钩钩 15g（后下），煨天麻 9g，煅石决明 30g（先煎），煅牡蛎 30g（先煎），珍珠母 30g（先煎），焦山栀 9g，炒丹皮 9g，细生地 12g，金银花 15g，生甘草 6g，绿豆衣 12g，炒泽泻 9g。7 剂。

四诊：病人面目呆滞抑郁之态尽扫，心情愉快，与前判若两人。自言服此方两剂后，头目豁然开朗，发际略有微汗，顿觉头上如解去包裹，清爽异常；饮食本已恢复，现在头部征象彻底解除了，一切感觉正常。听了病人这番话，何时希心想，病人认为这两剂药是创了奇迹，事实上没有前面一些方法给她增加饮食，恢复体力，把血中热毒给以出路，恐不能单倚“散越”一法而解决的。对“散越”法，他临证应用时既循规，又不墨守，《内经》云“在上者因而越之”，他的体会是“越”不局限于吐法，辛凉散发也是“越”法之一。一般用逍遥散常舍薄荷而不用，因其主法是“横疏”，但他却喜薄荷之从上散越之性，佐之每生效。这个煤气中毒的病例，初起只在清营解毒上着想，继而试用潜镇，终则以薄荷、天麻为主的散越法而奏功，使脑中弥漫之毒气得到祛散。为巩固疗效，遂以原方再服 7 剂。

何时希察病治病有独特的见解和缜密的选方用药技巧，他精通中医辨证论治的理论，讲求审病于先机，分步设治，因病而选用药对，又善于把握疾病的诊治关键，结合世传祖医和自己的临证经验，创立了众多行之有效的治病大法和方剂，他以此成为一个全面的内科临床家。

## 擅长女科　西为中用

何时希在妇科方面以其家传，又深得名人指点，加上自己丰富的临床经验，出版了数部妇科专著，发表了多篇论文，他提出的很多理论见解，常以精辟的箴言深湛地概括出来，留下了许多宝贵的医案，不愧为当代的妇科大家。他深得《金匮要略》“妇科三篇”的要旨，又吸收历代名家名著之长和现代医学知识，以其独到的脉法、自创的效方和精细的用药，在治疗痛经、盆腔炎、不孕症、崩漏、妊娠中毒症、更年期综合征等疾病中，屡起沉疴，影响深远。

何时希幼时闻于先祖，其六世祖书田公女科最精，故他自幼便喜学女科，18 岁时请同学刻了“疗方斋”一印，以志向学之愿。程门雪老师亦劝他专攻女科，并介绍两位妇科老师蔡香荪和沈芝九。蔡香荪正是学于书田公之江湾嫡派，沈芝九以善用当归生姜羊肉汤为程师激赏，且沈师对《叶氏医案》及《内经》亦富心得。后来又拜的女科之师是“宁波老宋家”之婿虞佐唐，并为虞师代诊年许，危难重症，得其指点，受益匪浅。

1954 年，何时希诊治一位患慢性盆腔炎并痛经不孕的病人，由于他治痛经症既多且久，用药左右逢源，心手颇能相应，疗效甚好，使这一病人得以怀孕，乃大得西医老友瞿君之赞赏，而有志进行合作研究。初由普通门诊中筛选病人作为专题研究，在与瞿君对案会诊时，大多先经西医检验，作出诊断，相约急性发作时由西医处理，亚急性与慢性期则由何时希治之。如是逾半载，效果良显，患者怀孕渐多。在合作研究过程中，两人互相学习，取长补短。瞿君悉心以西医妇、产两科相授，使何时希获益匪浅，这不仅裨助他当时临床诊治，而且日后受聘中医研究院，与研究生有共同语言，得学术沟通之益者盖肇端于此时。

慢性盆腔炎伴不孕症变为可治之症，何时希的治疗思路是：痛者止之；阻塞者通之；其内膜粗糙不能受精者，气以煦之，血以润之；炎症者清之；带多者束之；腰膂酸者固奇脉以约之；宫寒者温煦之（一般此症寒因为少）；郁者达之。主要以疗效增加其信心，排除其怀疑，振奋其精神，挽回其颓唐失望。当月经改善，腹痛若失，而忽然有孕，则一股阳和愉悦之情不待言宣矣。对于亚急性发作，则用丹栀逍遥散合大补阴丸；又助西医治急性发作用青霉素之“单打一”，而以龙胆泻肝汤合当归龙荟丸，效亦见速。此50余年前事，可谓中西医结合之尝试。

何时希治痛经颇有心得。他认为其痛与血块不下有关，即《金匮要略》所谓：“腹中有干血着脐下”，“其癥不去，当下其癥”。痛经甚者，虽“衃以留止”，“癥着脐下”是肯定的，从西医角度看，症似子宫内膜异位症、子宫肌腺症等疾病，患者常伴有不孕症。治疗用方他自谕极平常，只在《金匮要略》及《千金方》诸方中徘徊，如《金匮要略》中的温经汤、芎归胶艾汤、桂枝茯苓丸诸法，然亦每每奏效。他体会到，治病当从整体论，如专于温下，不顾及机体中阴虚、伏热、郁火诸矛盾因素，即使宫寒得到改善，但温下之药必能助火灼阴，则虽孕而难留。所以温经汤中的丹皮、麦冬，桂枝茯苓丸中的丹皮，奇效四物汤中的黄芩，均属寒热同方，取其拮抗之意；事实上也即治疗其阴虚、伏热、郁火等次症，这是不容忽视的配合。他在临床上偏喜黄芩，因其能清上、中、下三焦之热，炒炭则入血而清血热，而丹皮则仅能清血热，适应面较狭，且须注意其行血祛瘀、落胎下胞的副作用，如症状略有怀孕可疑者，即不可用。对肥胖者须顾其痰湿阻宫，难以受孕，故用枳壳以宽宫（枳壳、甘草，唐人称为缩胎丸，实是理气宽宫）。温经用石类，乃《千金方》法，取其质重能入下焦，且引诸药下行，具有“引经”之义。但遇有怀孕的迹象时，紫石英、云母石温而重坠，以慎用为妥。后来何时希去中医研究院，与全国名医为伍，各有巧妙。他见某名医用化癥回生丹治痛经，急取《温病条辨》核之，药亦大都常用者，凡35药，其中人参、肉桂、两头尖、姜黄、公丁香、川椒、蒲黄、红花、苏木、桃仁、五灵脂、降香、归尾、没药、白芍、香附、吴萸、延胡索、茴香、川芎、乳香、良姜、艾炭、益母膏、地黄、鳖甲、大黄，皆常用药；独麝香、虻虫、水蛭、阿魏、三棱、苏子、干漆、杏仁等则自惭不擅用，然均非怪僻药，知名下自无虚士也，应当说是自己于痛经门中又学得了一手。

通因通用法治崩漏亦是何时希的攻坚之作。

他尝遇漏下绵历之症，无休止者十余月，凡归脾汤、补中益气汤、杜仲丸、菟丝子丸、震灵丹、十灰丸、荆芩四物汤、胶艾汤之属，历更诸医，治之罔不如法，靡不对症，而无奏效者。其淋漓时见小血块为最平稳，若稍得休止，必有大冲随之，故病者不敢奢求遏止，但望能维持体力足矣。他冥思久之，意必有岈以留止，但体已大虚，若无荡涤而不伤正之法，欲顺水推舟而无水可顺，譬如黄河九曲，泥沙可以杂下，若河无水，又何以下泥沙，而通淤滞？问病者经期，则忘之久矣，遂嘱其细心自察，一月之中，必有数天昏昏倦懒，或如寒如热，或善怒，或悲喜无常，或抑郁不自得。若犯情志者，或腰肢酸软，困顿无力，或乳中腹中不适，一切皆若往时行经之状，则速来就诊，他时仍以归脾、补中扶益气血诸法治之。一日，病者来云：似有经临之感，而淋漓固如常也。乃遵《内经》通因通用之意，处方以胶艾四物汤、桂枝茯苓丸，加山楂、麦芽、炮姜等化瘀药为汤剂，大黄䗪虫丸三钱包煎。服后数下血衃，7日而经自止。次月如期，复与前法，而淋漓崩冲之患遂蠲。

后所遇此类症，如病者能以经期告者，施此通因通用法罔不效。医者亦须细察其经调补后体力恢复如何，能胜攻者攻之，若虚象仍甚者，俟一月亦无妨，勿操切也。

1956年在中医研究院，何时希与钱伯煊等老中医共同参与妇科病证专题研究组，曾与北京妇产医院合作研究妊娠中毒症，这段再次与西医共事的工作经历对他触动很大，他认识到作为一名中医，若囿于一家一派的成法，取一叶以蔽目，渺全林而未见，作临床应付或者尚可，若说研究，恐是不够的。他从西医同道那里又学到了许多现代医学对疾病发病原理的认识，再结合中医理论加以研究，这样重新得出的对疾病的认识程度就要比以前大大进步和深刻。当时北京妇产医院和协和医院妇产科举办西医学习中医研修班，何时希与钱伯煊等均为之授课，亦有了许多与研修生们讨论的机会。比如他在编制《妊娠中毒症发病机制图》时，集思广益，吸收了全班西医同道的意见。由于他对疾病本质的认识提高了，视野开阔了，因此，在编写《妊娠中毒症用方选辑》中，吸收了很多内科方剂，实践证明是行之有效的。在理论和实践的研究中他体会到，子痫病因中肝的疏泄功能正常与否事关重要，如肝气郁结，木旺则生火，火盛则生风。同时火热犯心，心肝风热，症见眩晕目花，头痛头热，烦躁不眠，面红目赤，肢麻筋惕，此即先兆子痫。如进一步心肝风火交炽，症见神志昏迷，痉挛口噤，角弓反张，四肢抽搐，气急痰声，或时迷时醒，是子痫重症。治当息风清火，开窍豁痰，方先用自己创制的羚珀散（由天竺黄、天麻、羚羊角、琥珀、蝉蜕、地龙等药组成），次用自制羚羊角汤（由天竺黄、鲜菖蒲、郁金、地龙、黄连、全蝎等药组成）。昏迷者加用至宝丹，痰盛者加安宫牛黄丸，热盛者加局方牛黄清心丸。

子痫病虽以心肝风热或风火实证为主，但何时希认为，火热则耗伤心血和心气，而造成心营不足，心气虚怯，这对妊娠后期的胎儿能否安固、临产的情绪能否稳定有一定的关系。另一方面子痫发作以后，除了药物治疗以外，还是要靠孕妇自己主观能动的抗病力量，这个力量，应当说是她心脏的后备力量。所以在子痫的"治本"方法中，如复脉汤、生脉散、黄连阿胶汤等养心血、补心气之品，当是重要的，而安稳其神志，镇定其惊恐，如介类、金石等药品，也是必须配用的。上述诸方中，如地黄、阿胶、五味子、麦门冬等或配合其他补肾药同用，可以收"滋水济火"之力，肾水既充，则水能济火，而心火不致炎亢，这是治本方面的一个要法。补肾滋水的另一机制，则能清肝涵木，肝肾阴虚，浮阳陡动，必以滋其真阴，为善后必需之要，在子痫发作，救急治标之后，必须进一步这样治本，方能巩固疗效和防止再发。

这种西为中用的不断尝试，解决了不少临床难治之症。比如有一次钱伯煊给妇科研修生讲“子烦”症，有西医研修生不能理解，争论不下。何时希以病理解之，并以临床病人为例，说有病人面红烦躁，辗转反侧而不眠，血压不高，定不上子痫诊断，此正“子烦”也，以清心莲子饮、清宫汤等治之而愈，此研修生乃表诚服。

妇女怀孕后都想生一个健康宝宝，如何探测，何时希有他的见解，比如他对妊脉的体会是：寸脉浮“动”、尺脉“搏”指，三部脉“弦”、“数”、“滑”，为常见的胎脉。一般在四五个月以后，胎脉可由弦紧而转为松缓，或者散大；数脉也逐渐减退，或者不数。偶然也见数至或数十至而一止的“代脉”，关中滑动如豆的“动脉”和《医学心悟》所谓流利跃动的“雀啄脉”。而调长有力，流利舒畅，生机盎然，又有冲和气象，则最为重要。如果微细无力，生气萧条，便是母体气血不足的症状，必须及早治疗，以免对胎儿成长有碍。若始终细弱短小，沉涩不畅，毫无活泼流利之象者，须防胎萎，若见沉、牢、微、细，须防死胎。但辨胎的方法，绝不能全凭脉法，必须将“望问闻切”四诊合参，中西医相结合，才能得到正确的诊断。

对于安胎的治法，何时希说，如果孕妇无病而服药，应以平稳为主，用药要注意以下几点：补则壅中，此指采用补法，在三四月胎儿需要营养不多时，由母体吸收，至四五月以后，则大半由胎儿吸收，所以“早则补母，晚则肥子”，胎儿过分肥大，于生产有碍；攻则伤胎，寒则凉胎，此恐造成胎儿萎缩不长；热则血易妄行，而防其堕胎。如因用药偏胜，造成脏腑失去平衡，产生弊端，反不如不服药了。由此可见，医者把握妊娠用药的适度宜忌是相当重要的，于是他罗列了一些胎前禁忌的药品，供孕妇有病需用药时参考。从其性能来说，主要是忌“活血、破气、下降、大热、大寒、有毒”之品。例如咳嗽避去麻黄、前胡、牛蒡、贝母、半夏、蛤壳、射干等，可用杏仁、橘红、冬瓜子、竹茹、竹沥、紫菀、款冬、百部、白前、甘草之类；如痢疾避去大黄、枳实、青皮、楂炭、神曲、麦芽、赤芍、丹皮等，可用煨葛根、黄芩炭、黄连、荠菜花、扁豆花、银花炭、马齿苋、蔻壳、砂仁、陈皮、腹皮、荷叶等药。另外，一些药在本草书的记载中，既有说能安胎，又有说能堕胎的，如丹参、当归、艾叶、补骨脂、益母草、伏龙肝、代赭石、白芷、香附、木香、川芎、赤小豆、玄明粉、鸡子、鹿角、桂枝、桃仁、泽泻、干姜、贝母、冬葵子、川椒、紫葳等药，在《神农本草经》、《金匮要略》、《本草纲目》及一些本草书中已有这些矛盾，其他多不胜举。看来，一个科目的研究，既要在书本中寻取养料，又不可“尽信书”而自困于书本之中，还要在书本外取得实践，包括吸收现代药理研究的成果，二者是相辅相成的。

值得一提的是，何时希讲妊娠忌药主要是求得胎儿的安全。他主张保胎须先保母，因为胎儿的安全，是建立在母体安全的基础之上的。如果母病危急，已到了“安胎即不能顾母，顾母即不能保胎”，无法两全的程度，这时医者就不能为“妊娠忌药”所束缚了。《内经》说：“妇人重身，毒之如何？曰：有故无殒，亦无殒也。”殒是死亡或堕胎之意，第一句是说“有病则病当之”，虽犯了用药的禁忌，不会出事故的；第二句则是告诫人们也不要无所顾忌，不加节制地去造成事故。《内经》接着又说：“大积大聚，其可犯也，衰其大半而止，过者死。”这里又可以体会出古人再三提醒之厚意：既要当机立断，权衡轻重地用毒药（即猛药峻攻之意）治病，又要斟酌情况，适可而止。这样灵活运用辨证论治，是符合“有理、有利、有节”的精神的。从何时希诊治的几个妊娠病例中可进一步证明这一点。

20世纪50年代初，何时希应虞佐唐老师之邀，为之代诊时，第一次遇到一位妊娠水肿重症患者，书脉案毕（当时处方笺俱用毛笔直行书之），借磨墨之时，沉思方药，一则“有故无殒”，“有病则病当之”，即用重药亦无忌；二则诊其脉右大于左，阳旺于阴，若为男胎而有所触损，岂不遭病家唾骂？欲保胎而不用葶苈、桂枝、附子，但用五皮饮、五苓散又觉太轻，治不了这样的急重症，似无良法，犹豫不决，遂以目视对面抄方之学生，示意其上楼请示虞师。顷刻间于虞师掌中见“白术、茯苓各一两”数字，乃豁然茅塞顿开，振笔疾书，处方付之。

盖所示为全生白术散法，二味运脾利水而无所伤，以此启悟，初觉五皮饮、五苓散太轻者，得大剂量苓、术以为君，则相得益彰。另外五皮饮的桑白皮，肃肺以利水道，意义可取。五苓散之桂枝，初思不用，继以胎动不甚，得此或可振之，助膀胱气化以祛水，比之《千金方》鲤鱼汤之用当归入血活血者较胜。又天仙藤散之香附、乌药理气行水，亦为上选之药。患者经治而愈。

又曾治疗一严重妊娠呕吐（中医称“恶阻”）病人，水液无所进，唯吐黄苦水，诸医所用苦寒药为多，均不能受，甚至强灌而入，不能安胃片时。何时希察其脉濡弱无力，而细按则弦滑之意仍存。于是处方：野山参 3g，煎取浓汁，取一部分，掺入冷开水使淡，慢慢服之。果然能受，又加浓些，仍冷饮，渐能进浓汁。再煎二服，能通口饮之。次日，再予野山参 3g，服完而吐全止，能酣睡，睡醒则索食也。当时有诸医反对，谓水浆及诸药均不接受，人参大补，反能受乎？是不知吐伤胃气，苦寒药多用亦败胃，正须人参以补之。其脉濡弱无力是因吐伤元气，然脉有弦滑之意，说明胎儿之生气尚存，因母呕而不得营养，同现虚象也，若再用苦寒，则胃气索然而败，胎萎脉静，彼时斯不见弦滑脉，而母子两败矣。又有谓参者升也，恶阻者胃气逆上、胎气（指浊气）上升，降之清之且不暇，用人参正相反悖。是亦不知吐久伤中气、败胃气，胎气已弱，不久胎且萎死，医者千万不能执经泥书，胶于古说而不知权变救急。人参补中气、安胃气、固胎气，助其母子生生之气，药证相合，不必顾忌。

由上述病例，可见何时希治疗妊娠呕吐（恶阻），善于分析症状之间的关联和主次，从而针对主症治疗，次症可暂且不顾。这也得益于西医的一些方法，比如，只要胎儿尚好，维护母体的营养是首要的，反之，堕胎则呕吐立止。因此，症见呕吐是胎气尚健的表现，不用刻意地去止呕。同样，恶阻与胎漏（漏红）同见的治疗亦如此，此时安胎止红为第一要义，如反置泛恶纳食于第一，血不止，恶阻反止，则胎已萎，胎不举则恐难保。

对于胎漏的治疗，何时希认为“见动却安，见红即止”，是指此时的紧急处理。张仲景治妊娠胞阻、腹痛下血的胶艾汤，方中地黄、阿胶的止血，是经过千万次实验的妇科妙药，当归（炒炭可止血）、芍药、川芎、艾叶（炒炭可止血）4味，则为治腹痛的名药，但川芎的行血、艾叶的温血，在此时则不甚适宜。十圣散（人参、黄芪、白术、甘草、四物、砂仁、续断）、安胎散（胶艾四物、甘草、黄芪、地榆）等，也是常用有效的名方。常用治法和药物还有：①止血：荆芥炭、黄芩炭、藕节炭、细生地炭、莲房炭、竹茹、地榆炭、大蓟炭（安胎止血，而小蓟则堕胎下血，是忌药）、陈棕炭、侧柏炭等属凉性药。蒲黄炭（生用则破血消瘀，是忌药）、阿胶珠、生地炭等属平性药。龙骨、牛角腮、鹿角胶、炮姜炭、广艾炭、熟地炭等属温性药。②补肾：熟地、杜仲、川断、狗脊、桑寄生、巴戟天、枸杞子、山萸肉、黑料豆等。③固奇脉：金樱子、菟丝子、桑螵蛸、五味子、覆盆子、鹿茸、鹿角胶等。④补脾统血：人参或党参、黄芪、白术、山药、炙甘草等。⑤升提：升麻、柴胡、煨葛根、桔梗等。

妇人产后病何时希诊治颇多，如产褥热，曾经一天能遇数例，因此他对产褥热的辨证论治说来头头是道，要领有四辨：

一要辨病程，产后须分期，初产至7日为1期，7～14日为2期，满月为3期，百日或至1年为4期。首7日以畅行恶露、通行乳汁为第一义，此7日得恶露畅，后7日为余波，可置勿理；乳汁不多者须多饮营养流质以裕其来源，若不通而红肿、胀痛，因气血壅遏而发热，则退热须以通乳为主，虽属外科范围，服药可以通乳退热，不难兼顾。14日内如乳通，恶露渐净，似乎产后之期已入平安，所注意者风寒、夹食、夹气，是人为之事。15～30日中，亲水沐浴可以无忌，因古人卫生条件差，故须待满月，俗谓“坐月子”，即月内须坐困于室中也。至于百日与1年，则指产后留遗之肝气痞块，关节寒湿，最多者因多坐而腰痛，多言而喑哑，多听多视而致耳鸣目昏等，期以百天或1年必望治愈，否则病根痼入本原，属难治。若已根深痼里，当考虑气血之虚，肝肾之亏，补虚然后方能拔其根株，不能专于治实。

二要辨病邪，纯属外感病邪者，当分清风、寒、暑、湿、燥、火六邪而对证治之。如风邪袭肺而作咳，治咳不难，开肺可以通下窍，无碍于恶露及大、小便，但须忌哺乳，以免传及婴儿。还需注意产妇阴血不足，慎用峻汗法，因热高耗液，发汗则重伤其津。

三要辨虚实，是产后血虚、阴虚发热，还是乳汁不畅的奶积发热？前者需育阴养血退虚热，治之甚易；后者当看有无肿块灼热、焮红胀痛，如有则可确诊，治疗需注意的是恶露是否已畅，如已畅则施用寒凉药可无所顾忌了，石膏、知母、黄芩、山栀、石斛、花粉、沙参、芦根等均为清润上、中焦的气分药，用亦无妨。古人“产后忌凉”一语，当活看。

四要辨产后三大症。《金匮要略·妇人产后病脉证并治》说：“新产妇人有三病，一者病痉，二者病郁冒，三者大便难。”三大症的产生有相互关系，如产后虚汗亡阴，大便难为常见症，加上产后补充营养，常多食导致积滞热郁，气阻不通，阳气不达于上，故郁冒昏眩，甚者致痉。三症可相因而同发，通腑泻热一法可治三症，张仲景大承气汤之法何时希颇为欣赏。

妇女更年期综合征，与《金匮要略》中脏躁一证颇为相似。何时希认为此证多系心经气血两虚，血不养心则神不安而惊惕烦扰；血不濡肝则魂不安而眠不宁，则君相同炎矣。火旺则克金，木旺则反侮于金，故肺气不清，而魄不静。此所以百合病与脏躁病有相关之病理，相互配合之治法也。方药以甘平淡润为主，勿涉滋腻，勿用甘温，故仲景于甘麦大枣汤服法下有“亦补脾气”4字，意谓即甘枣与小麦已足以补脾，培土亦可生金，而不取于甘温也。脏躁以经绝期为多，与内分泌紊乱相关，故先见阴虚阳亢症，应以阴平阳秘为善后，则淫羊藿、苁蓉、巴戟之阳药，与龟板、地黄、萸肉之阴药配合，亦当为应备之一法。

何时希在诊治女科病证中心得经验颇多，因此著书亦丰，如《女科一知集》、《妊娠识要》、《女科三书评按》等，可见他不负众师（包括中医、西医）之望，亦遂了自己的心愿。

## 整理医籍　慷慨捐献

中医学在数千年的发展中，涌现出数以万计的医学家，并留下了浩瀚如海的医学典籍，这些都是宝贵的民族文化遗产。对这些医籍的发掘、整理和研究，是中医人的历史责任。出身于中医世家的何时希，以其深厚的专业学养和文化底蕴，对医史文献进行了大量的整理工作。何时希作为何氏世医第28代传人，在祖传书籍和文物的收集、保存和整理方面作出了重大贡献，也可以说付出了毕生的精力。

事当追溯到何时希11岁那年，祖父逝世了，父亲在上海从事教育工作，家中他是唯一的男子了。后园有3间小屋，大片空地上除一株桂花和有时开放的萱花外，都是瓦砾野草。

小屋的廓尽处，有两只朱漆的大箱，是藏被褥的。上面一只棕箱，编有古图案和各种花卉，让人觉得细致可爱得很。而祖母总说里面尽是破烂之物，禁止任何人开启。一日何时希大胆打开一看，赫然见到了自家世代医学的著作和很多诗稿、诗笺、信札、字幅之类，箱底还有不少因水渍而粘成纸饼的书，由于他略知赵宦光、王梦楼是明、清的名书家，龚自珍、王芑孙、郭频迦是清代的文学家，于是肯定这一箱全是宝物，而妥善收藏起来。

1956年何时希来到北京，访得了专裱旧书的魏师傅，请求补旧缀残，把这些书全部救活了，是“金镶玉”式的装裱，四合式的布套，计60余本书，分装10余布套。魏师傅说可保百年不损，何时希十分感激，称他是这些孤本医书的大功臣。有了这些书，何时希就开始对作者（其祖先）作考证，历经六七年才完成。

何时希整理收藏有衔接无缺的家谱，历

840余年绵延不断的世系，尤其从医学史的要求而言，脉络清楚，纵的方面是29代蝉联相续；横的方面，如明、清之际的十六世、十七世两代，均有三十八九人之多，雁形并肩地在江南的镇江、丹徒、松江、奉贤以及其他地区住居，各尽其救死扶伤的责任。其间形成的资料留存有明代永乐以来10余代的医学著作，这是凝结着何氏世医精湛的经验所在。还有病家对医生表示感谢的资料，何氏医家世代使用的文物，以及撰写的诗词集、书法墨迹、印章，等等。即使是残缣片楮，断阙剥泐，都经他亲手装裱，成为册页。在20世纪六七十年代，这些文献、文物能得到保护无缺，全靠他的一位郭姓学生，主动将这些物品转移到自己家里藏起来。对这位功劳巨大的学生，何时希常存感激之情。

何时希之所以下决心系统整理祖传书籍和编写《何氏历代医学丛书》，不仅与程门雪、章次公等中医前辈的重视和督促有关，还与近代医史学家朱孔阳、陈邦贤、范行准等先后在《中华医史杂志》、《上海中医药杂志》和《中国医学史略》等书刊上发表报道文章的鼓励和支持有关。如陈邦贤在其《江南二十八代世医访问记》中说："江南何氏从南宋初年到现在，800余年间产生了350余位医生，绵延不断，世世相承地热爱自己的专业，决心以救死扶伤的技术，始终不懈地为民众服务，这种伟大而动人的事实，秦伯未曾在《健康报》作过介绍。这不仅是祖国医学史上难能可贵的资料，也将是国际医学界上少见的奇迹。"这些促使何时希在1981年写成了《何书田年谱》、《何鸿舫遗事及墨迹》和《何氏八百年医学》3书。以上简称"何氏医学三史"，后汇入《何氏历代医学丛书》42种中。这部丛书把先世自公元1141年起，绵续850年间的356位医家作了介绍，并刊印了他们医学遗著的原迹（影印）。《何氏八百年医学》中，还绘制了自宋至今的“医家世系图”；载有何氏每位医家的记传资料，逸闻轶事，嘉言懿行，诗、书、印章，以及当时诗文家、名臣如宋代朱熹、文天祥，元代杨维桢，明代沈粲、杨士奇、杨溥、杨荣，清代高士奇、李光地、尤侗、李兆洛、钱侗、梁同书、张照、林则徐、石韫玉、王昶、王芑孙、郭麟、龚自珍、张文虎等题赠的有关何氏医学的史料、文物照片（自晋代迄于清代），以及“何氏历代医职表”、“迁居及游寓考”、“室名斋号索引”、“何氏历代医学著述考”等附录。

何时希先后花了9年时间，完成了《何氏历代医学丛书》42种约400万字的编撰工作，并在1984年与学林出版社签订自费出版的合同。为完成这部丛书，他专心治学，闭门谢客，并先后迁居10余处，以求得一清静环境。为了在有生之年让祖先的学术经验早日问世，他日夜笔耕，甚至胳膊肘被玻璃板磨破出血亦不顾。

回忆紧张工作的日日夜夜，他自题16字：“倾家荡产，精疲力竭，鞠躬尽瘁，死而后已。”有些老友认为这样说太惨淡艰苦了，但卫生部的领导认可这种精神，并把这16字写入《中国历代医家传录》序文中。

何时希从1958年开始搜集历代医学家传记的资料，并着手撰著《中国历代医家传录》，至1988年出版，以30年的工夫，引用了“二十五史”、地方志、传记、方书、类书乃至文史笔记等各种书目凡3000余种，书载传记医家2.2万余人，起自上古，截至清末，广征博引，洋洋大观。全书350余万字，记载了各医家的生活年代、师承脉络、业之所精、突出医迹、道德操行等。所录医家之多，收集资料之丰富，均为前所未有。此书尊重原文，详注出处，内容丰富，别具特色，既是古代医家传记的总集，又是医史的重要工具书。此灿烂巨著系何时希一人完成。仅从这一部书，足以显见他的治学精神及其对医学史的贡献了。

清季以降，广大中医学者在存亡危机之秋，奋然而起，以办学校、举学社的方式，力图通过教育途径，振兴中医。所办学校各具特色，教学方式各有新意，体现了中医教育方式的出新。中医教育家们的可歌可泣，更重要的是培养了一批批人才，成为中医薪传的中坚。当年的办学方式成为中华人民共和国成立以后创办中医学院的先声。作为一代名医和当年的教育者之一，何时希深感清季、民国时期中医之办学，具有重大历史意义和学术价值，应载入史册。他先记叙了41所中医药学校的办学简况，发表在《上海中医药报》1994年第10期上，继而又撰写记载从光绪时代的温州利济医学堂至1947年时逸人在上海创办的复兴中医专门学校共162所，此文载入《近代医林轶事》。

何时希认为，任何珍贵的书籍、文物，尤其是具有文献价值的东西，由先代留传或个人所得，其珍惜，其爱玩而自藏，无可非议，自受法律保护。但经过了保管祖物的风风雨雨，他以为不如公之于人民，献之于国家，让国家来保管，人民普遍可以览赏，似乎更为妥善有益。于是在 1984 年 10 月，他将先祖遗留下来的几十部遗著孤本，以及文献、文物等 400 余件，毅然捐赠给中医研究院（现中国中医科学院）的图书情报中心，当时该中心表示以后将辟一专室，作为“何氏八百年医学”的长期展览，并将国家给他的奖金捐献成立该院研究生部的优秀生奖学基金，以及作为塑造图书情报研究所中国历代十大名医塑像的准备金。中医研究院举行了隆重的、值得他终生难忘的献书、捐款大会，中央电视台、中央人民广播电台和北京广播电台均有报道。后来他还将后续整理的不少文献和文物陆续捐献给上海市档案馆、上海中医药大学博物馆、上海市青浦区博物馆等单位，并将获得的奖金捐献成立研究生奖励基金。这些凝聚了何时希数十年心血乃至毕生精力的祖传书籍文物，终于得到了保护和继承。回顾从前，即使在他最困难的时候，他宁可卖身上的衣物，也不忍稍弃这些文献、文物中的一纸一物。改革开放之后，这些文献、文物更是价值不菲。由此更可见他精神的可贵。

## 博学多艺　情高寿长

何时希虽年逾古稀，雪发霜鬓，但皮肤白净，脸色红润，身板挺拔，精神矍铄，见过他的人都有这样的印象。在他78岁高龄时，有其曾亲自教学的弟子见面说：“先生容颜未改少年时，只是青鬓换了白银丝。”几近耄耋之年，能有这样的形象，十分令人羡慕，究其原因，与他养生有道相关。他博学多艺，兴趣广泛，在中医事业之余，常以诗文、书画、篆刻、戏剧陶冶性情。

早在上海老西门石皮弄中医专门学校读书时，何时希就对体育课情有独钟，著名的武术家、沪上武术伤科大师王子平先生是他17岁时学武的老师，所学得的“王家十八法”，直到

80岁患漏肩风还十分受用，仅用“托天”、“举鼎”、“弯弓”几法，练之数月即愈。他自称是发挥主观能动力，这几招是得王老师真传的。

他嗜好文物，在中医研究院工作的那段日子，常到琉璃厂去学习文物知识，因他自幼看到先祖留下的笔筒、笔山、印缸、印章等物，常爱不释手，不胜喜欢，故渴求增长这方面的知识。他认为爱好是心态的，癖好是行动的，至于沉溺，当是程度之更深者了。他抱着“好之者不如爱之者，爱之者不如乐之者”的态度去嗜好文物，使一个整天专心于头痛发热、浮沉迟数、表里虚实、桑叶菊花中的医生，找到一种舒松其神经、丰富其情怀的方式，插入其呆板的生活，适时潇洒一回，这一方面对身体康健十分有益，另一方面促进了他对祖上文化遗产的理解。他未曾立志当一收藏家，但家藏底蕴和把玩品鉴活动的积累，却把他造就成为一个文物收藏家。比如，他对何鸿舫的印章、处方笺作了一番研究，从所存的处方中考之，发现印章有单颗和成对，大、小起首，其造语和各种形式，可称“别出心裁”，“构思新奇”。如有“重古何氏鸿舫手笺，读书不官则为医”（外圆内方，八字在外围，朱文；内方形中七字白文，此式较少见），“重古梅花庐”（细朱文、梅花形，每瓣中一字，此式甚雅）等九方均作压脚用，而起首则为纪年章，见有二十方，具有边、无边、长、方、扁、朱文、白文等各式。而最有趣味者当为双钩马形（代表午年）一印，有奋蹄疾走、振鬣长鸣之概。合以楷书木刻约四十只，其用于处方之上者，共有七十方左右，况其处方又采用十余种颜色笺，堪称艺术品。他被这样的药方笺深深吸引而陶醉。

他喜好诗文，留下数十首别具韵意的诗词名句。其原因一是源自家学，二是老师程门雪亦擅长作词吟诗，师生间经常步韵吟唱。1941年程师赠诗何时希：

竿山诗老旧名家，后起能贤语未夸。

不负聪明冰雪质，少年奇气称才华。

何时希回诗：

年传八百世医家，老我无成尽自嗟。

有愧师门多奖饰，少年奇气称才华。

读他的诗文能了解他的经历，感受他的情感，如他写的学医过程诗：

缅怀承欢绕膝时，匆匆学舍四年移。

程门廿载曾深雪，转益多师学女医。

又如晚年的自勉诗：

正是夕阳无限好，果然霞彩有余辉。

为使晚霞散光热，要将余力比青春。

他酷爱书法，写得一手苍劲有力的毛笔字。家学时临王羲之、赵孟頫之帖，师事程门雪后也学“颜底魏面”的赵之谦。其诗联中又可见楷书功力。他所编撰的《何氏历代医学丛书》42种的封面，书名毛笔字大多是他自己书写。丛书中有不少书籍是手写楷书影印而成的，其中有多本书如《六合汤类方释义》、《女科一知集》、《女科三书评按》等均由他亲自书写。

他善笔札，回忆往事而著作，他说：追忆是有好处的，使大脑思维运动活跃，健脑之法不在补药，而在于运动。他在晚年，就是利用追忆，加上以往的笔记，写出很多书籍。如他的 60 年临床经验精华《医效选录》，关于 20 世纪三四十年代人文趣事的《近代医林轶事》等。他还认为，读书也是思维运动之一种，当坚持而不能荒废，并引宋代黄庭坚“士大夫三日不读书，则语言无味，面目可憎”之语自勉。

他尤其喜爱京剧艺术，是名闻京沪的小生名票，10 余岁即喜欢上了。在他大学二年级时，上海国医学会庆祝纪念大会上，除与王子平师傅的武术表演外，他还有京胡独奏“夜深沉”及“柳摇金”，那时他已迷恋京剧。后来，又请教好多老师学习文武小生，其间最受益的是姜妙香的唱工，张荣奎、顾赞臣、瑞德宝、周传瑛的武工，渊博多能的萧长华传授给他很多失传老戏。在教学之余，不断粉墨登场，俞振飞的风流潇洒，叶盛兰的英迈荡决，都是他所心折的，但他对才子佳人戏的表演，似乎接受力不强，故藏拙于妩媚，独倾爱于英俊。

京剧艺术是他经年累月下过工夫的，亦带给他无尽的快乐。京剧与中医都是国粹，二者在取象比类、讲求程序方面有许多相同之处。京剧艺术也加深了他对中医学的理解，二者相得益彰。无论在早年的战争年代，还是后来的20世纪六七十年代，在工作之余，京剧是给了他最大安慰的艺术享受和精神寄托。因此，对于京剧，他是老而弥笃，锲而不舍。

何时希酷喜京剧，故结交了不少演员朋友，时有嗓音不佳者求治，于是他创制开音丸以供患者储备用之。方由京玄参、大麦冬、生甘草、川贝母、桔梗、射干、诃子肉、薄荷、冰硼散、青黛组成。前8味药研极细末，然后将后2味同研极匀，清蜜和丸如桂圆肉大，噙化（即口含化成液体，慢慢咽下），晨夜各1丸；或遇喑哑，可连噙2～3丸。此方大得患者之欣赏，被称为“保嗓之宝”。

1980年，他接受了北京戏曲研究所研究员的聘任，于是投入了较多精力来写作，先后写成多部戏剧著作。综合方面的著作有《京剧的形成、繁盛和衰落史》；内容来自演员方面的有《京剧史料丛编》，包括《小生旧闻录》、《票房与票友》、《戏园和戏班》、《梨园旧闻》、《芙蓉草传记》等17种。其次为《小生丛谭》，书中除有关小生的理论、演技、剧考、剧评等文字外，凡濒于失传的老戏，如雄州关、玉门关、延安关等，均写出了老一辈演员的唱谱和他自己演出的体会，以供采撷、借鉴，或是扬弃；《京剧小生唱腔集》则收集了小生唱腔40余种板式，选自徐宝芳、姜妙香、俞振飞、叶盛兰等10多位留传的唱片和口授，有150余种唱段。这些唱段通过甄选，并结合人物情绪的类别，分为雄壮、激昂、悲愤、喜悦、平淡、消沉、凄怆等，这对人们欣赏、学习、借用、编腔等方面，有一定的参考价值。以上著作总计400余万字。

何时希虽喜欢京剧艺术，亦收藏了许多戏剧文物，但同样的，他认为捐献给国家，让大众享受是最有意义的。1989年3月，他将戏剧文物2600件捐献给天津戏剧博物馆，奖金亦捐该馆，作为奖励和发展基金。

何时希博学多艺，心怀坦荡，大公无私，性情超脱，康寿晚年。何时希的一生是光辉、愉快的一生，是传奇的一生。

（撰稿人　何新慧）

# 《中华中医昆仑》丛书 150 位医家名录

（按生年排序）

| | | | | |
|---|---|---|---|---|
| 张锡纯 | 丁甘仁 | 萧龙友 | 王朴诚 | 恽铁樵 |
| 曹炳章 | 冉雪峰 | 谢　观 | 施今墨 | 汪逢春 |
| 孔伯华 | 黄竹斋 | 吴佩衡 | 蒲辅周 | 陈邦贤 |
| 李翰卿 | 李斯炽 | 姚国美 | 陆渊雷 | 张泽生 |
| 时逸人 | 张梦侬 | 叶橘泉 | 王聘贤 | 陈慎吾 |
| 邹云翔 | 赵炳南 | 承淡安 | 余无言 | 刘惠民 |
| 岳美中 | 沈仲圭 | 秦伯未 | 赵锡武 | 韦文贵 |
| 程门雪 | 黄文东 | 赵心波 | 董廷瑶 | 吴考槃 |
| 章次公 | 石筱山 | 陆南山 | 张赞臣 | 李聪甫 |
| 刘绍武 | 陈存仁 | 朱仁康 | 陆瘦燕 | 姜春华 |
| 韩百灵 | 高仲山 | 李克绍 | 王鹏飞 | 刘春圃 |
| 金寿山 | 哈荔田 | 何世英 | 周凤梧 | 干祖望 |
| 关幼波 | 王为兰 | 任应秋 | 罗元恺 | 祝谌予 |
| 杨医亚 | 郭士魁 | 何时希 | 耿鉴庭 | 俞慎初 |

| | | | | |
|---|---|---|---|---|
| 裘沛然 | 顾伯华 | 江育仁 | 邓铁涛 | 门纯德 |
| 刘渡舟 | 尚天裕 | 朱良春 | 李玉奇 | 程士德 |
| 尚志钧 | 赵绍琴 | 董建华 | 米伯让 | 李辅仁 |
| 张珍玉 | 班秀文 | 颜正华 | 于己百 | 颜德馨 |
| 路志正 | 方药中 | 王乐匋 | 黄星垣 | 谢海洲 |
| 余桂清 | 何　任 | 王子瑜 | 程莘农 | 陈彤云 |
| 焦树德 | 张作舟 | 张　琪 | 李寿山 | 张镜人 |
| 王绵之 | 方和谦 | 印会河 | 王玉川 | 蔡小荪 |
| 李振华 | 马继兴 | 王嘉麟 | 宋祚民 | 刘弼臣 |
| 王雪苔 | 刘志明 | 吴咸中 | 李今庸 | 任继学 |
| 裴学义 | 王宝恩 | 周霭祥 | 贺普仁 | 唐由之 |
| 赵冠英 | 许润三 | 金世元 | 陆广莘 | 刘柏龄 |
| 徐景藩 | 吉良晨 | 吴定寰 | 沈自尹 | 王孝涛 |
| 张灿玾 | 周仲瑛 | 强巴赤列 | 张代钊 | 李经纬 |
| 郭维淮 | 柴松岩 | 苏荣扎布 | 陈可冀 | 李济仁 |
| 夏桂成 | 郭子光 | 巴黑·玉素甫 | 张学文 | 陈介甫 |